# L'AMANT AUTEUR ET VALET,

## *COMÉDIE,*

EN UN ACTE ET EN PROSE;

Représentée, pour la première fois, à Paris, par les Comédiens Italiens, au mois de Février 1740.

---

*NOUVELLE ÉDITION,*

CONFORME A LA REPRÉSENTATION.

---

*A PARIS,*

Chez FAGES, Libraire, rue Meslé, N°. 25. et boulevard Saint-Martin, N°. 26, vis-à-vis le Théâtre des Jeunes Artistes.

AN IX. (1801.)

## PERSONNAGES.

ÉRASTE, *neveu de Mondor.*

MONDOR, *amoureux de Lucinde.*

LUCINDE, *veuve.*

FRONTIN, *valet de Lucinde et d'Eraste.*

LISETTE, *suivante de Lucinde.*

*La Scène est à Paris, chez Lucinde.*

# L'AMANT AUTEUR ET VALET,

## COMÉDIE EN UN ACTE.

### SCÈNE PREMIERE.

ÉRASTE, *seul.*

O Ciel ! qu'ai-je fait ? et comment me tirer de cet embarras ? Ne suis-je donc né que pour faire des extravagances ? Je me suis déguisé pour entrer au service de Lucinde, sans vues, sans raison ; comptant tout gagner si je pouvois la voir de plus près, et lui parler quelquefois ; première sottise : et je vais aujourd'hui me faire chasser par une seconde.

---

### SCÈNE II.

ÉRASTE, FRONTIN.

ERASTE.

Ah, Frontin !

FRONTIN.

Ah, monsieur !

ERASTE.

Je suis perdu !

FRONTIN.

Je venais vous le dire.

ERASTE.

Je suis sur le point de sortir de chez Lucinde.

FRONTIN.

Il faut bien s'y résoudre, et au plus tôt.

ERASTE.

Ce matin, suivant tes mauvais conseils......

FRONTIN.

Ce matin, en allant chez votre Imprimeur......

ERASTE.

J'ai laissé, dans la chambre de Lucinde......

FRONTIN.

J'ai découvert, par le plus grand hasard du monde.....

*Ensemble.* { ERASTE. . . . . . Qui?
FRONTIN. . . . . Quoi?

*Ensemble.* { ERASTE. . . . . . Mes vers......
FRONTIN. . . . . Votre oncle......

*Ensemble.* { ERASTE. . . . . . Mon oncle......
FRONTIN. . . . . Vos vers......

ERASTE.

Mon oncle, dis-tu?

FRONTIN.

Oui; monsieur votre oncle est arrivé.

ERASTE.

Eh, l'as-tu vu?

FRONTIN.

Quand je l'aurais vu, l'aurais-je pu reconnaître, depuis vingt-cinq ou trente ans qu'il est dans les pays étrangers?

ERASTE.

D'où sais-tu donc qu'il est arrivé?

FRONTIN.

J'ai rencontré, dans la rue, un de mes anciens camarades qui revenait du Canada; j'ai cru qu'il pourrait me donner quelques nouvelles de votre oncle; mais il pleuvait, et pour lier convertion en lieu plus séant, je l'ai fait entrer.... dans un cabaret.

ERASTE.

Allons, finis.

FRONTIN.

J'ordonne bouteille, elle arrive; nous prenons nos verres, le bouchon saute; nous buvons. Vous jugez bien qu'une si chère entrevue exige le récit de ses aventures. Ah! que les mers de ce pays-là sont orageuses! Il essuya une tempête horrible, sur je ne sais quelle côte, à vingt degrés de latitude, et à quarante-deux toises de longitude.

ERASTE.

Sais-tu bien que tu m'impatiente?

FRONTIN.

Il est enfin arrivé avec un seigneur, originaire de Lyon, (c'est votre patrie et celle de votre oncle), d'environ soixante ans (l'âge se rapporte assez), qui revient en France avec des biens immenses: à ce trait-là, j'ai jugé nécessairement qu'il fallait que ce fût votre oncle.

ERASTE.

Belle nécessité? Et, a-t-il dit le nom de ce seigneur?

FRONTIN.

Oui, et c'est le seul article qui m'ait dépaysé: ce n'est point Lisimon qu'il s'appelle.

ERASTE.

Qui diantre veux-tu donc dire? Si ce n'est pas Lisimon, ce n'est point mon oncle.

FRONTIN.

Belle conséquence ! Vous qui faites des romans, ne savez-vous pas qu'on change à propos de nom pour préparer des événemens extraordinaires ?

ERASTE.

Comment s'appelle-t-il enfin ?

FRONTIN.

Autant que je puis m'en souvenir, c'est un beau nom. Il finit en or. Mine d'or, Medor : aidez-moi un peu.

ERASTE.

Ne serait-ce point Mondor ?

FRONTIN.

Oui, lui-même. Je savais bien que je m'en ressouviendrais.

ERASTE.

Je le connois, Frontin, il vient tous les jours ici ; je le crois même amoureux de Lucinde.

FRONTIN.

Peste ! tant pis. Un rival riche est encore plus à craindre qu'un oncle.

ERASTE.

Lucinde n'a rien à désirer du côté de la fortune. Veuve, depuis peu, d'un mari vieux, jaloux et brutal, elle goûte trop le plaisir du veuvage, pour s'engager une seconde fois contre son inclination. Mais je me suis perdu moi-même, pour avoir suivi tes mauvais conseils.

FRONTIN.

J'en donne pourtant de bons ordinairement ; j'étais, sans doute, à jeun, quand je vous ai donné ceux-là.

FRONTIN.

J'ai laissé, dans la chambre de Lucinde, les vers que j'avais faits pour elle ; elle les a trouvés, et veut savoir absolument de quelle part ils viennent. Elle s'imagine que quelqu'un nous a gagnés, Lisette ou moi, et nous a fait mille questions, d'un air sévère, qui m'a déconcerté. J'ai pâli, j'ai rougi, j'ai changé vingt fois de visage ; enfin, suivant les apparences, nous allons, Lisette et moi, recevoir notre congé.

FRONTIN.

Tant mieux ; car je serais d'avis que vous quittassiez le nom de l'Orange pour prendre celui d'Eraste, et tenter en suite l'aventure sous un extérieur un peu plus décent.

ERASTE.

Elle me reconnaîtrait, Frontin, et ne me pardonnerait jamais la témérité de mon déguisement.

FRONTIN.

Hé ! croyez-moi, les femmes ne sont jamais sincérement fâchées des folies que l'amour nous fait faire pour elles. Mais, à propos, comment Lucinde a-t-elle trouvé votre dernier roman, où vous avez si bien décrit nos aventures et les siennes ?

ERASTE.

Elle lit mes ouvrages, sans savoir qu'ils sont de moi, et semble même les lire avec plaisir : elle les loue, et c'est le seul suffrage qui puisse me flatter. Je me trouve le plus heureux des hommes d'avoir un talent qui puisse lui procurer quelque amusement. L'envie de lui plaire me rend tout aisé ; l'amour fait disparaitre la gêne du travail, et m'inspire mieux qu'Apollon.

FRONTIN.

Parbleu, je n'ai pas de peine à le croire. Il m'inspire bien, moi qui vous parle. Je travaille, depuis quelques jours, à l'histoire de ma vie, vous y verrez des traits aussi singuliers, des tournures aussi extraordinaires, une morale d'une nouveauté, d'une force.. Mais, à propos, avez-vous songé à gagner Lisette ? Je vous avertis qu'il faut l'avoir pour confidente ou pour surveillante éternelle ; et si une fois elle s'apperçoit....

ERASTE.

Je n'ose m'y résoudre. Il y a deux jours que je cherche l'occasion de lui déclarer mon secret, et quand je l'ai trouvée ; je ne sai qu'elle crainte me retient. Je la regarde, je soupire, et je n'ose lui en dire davantage ; car enfin, si elle découvre à sa maitresse......

FRONTIN.

Ne craignez rien. Dites-lui que je suis dans vos intérêts, et attendez tout de son zèle ; elle m'aime, c'en est assez pour vous être favorable. La voici : je retourne chez votre Imprimeur.

---

## SCÈNE III.

ÉRASTE, LISETTE, FRONTIN.

FRONTIN,

ADIEU, camarade. (*à Eraste.*) Bon jour, mon petit cœur ; je voudrais pouvoir donner un moment d'audience à ton amour ; mais une affaire de la dernière considération m'appelle ailleurs. Adieu, ma reine. (*Il sort.*)

---

## SCÈNE IV.

ÉRASTE, LISETTE.

LISETTE, *à part.*

ADIEU, mon fat. Il fait bien de s'en aller, sa présence commence à m'ennuyer, et je pense que je ne l'aime plus ; l'Orange vaut mieux que lui, et je crois ne lui être pas indifférente.

ERASTE.

Vous parlez seule, mademoiselle Lisette.

LISETTE.

Je faisais une petite reflexion, où vous avez quelque part.

ERASTE.

Vous voulez parler de ces vers, n'est-ce pas ?

LISETTE.

Pas tout-à-fait. Cependant vous avez eu grand tort de vous charger d'une pareille commission, et tout autre, à votre place, essuierait de ma part des reproches très-vifs.

ERASTE.

Je vous suis obligé de l'exception ; mais je puis vous assurer que si vous me connaissiez bien, vous ne me soupçonneriez pas de m'être chargé d'une commission semblable. Uniquement occupé des affaires de mon cœur, je ne me crois pas fait pour conduire celle des autres.

LISETTE.

Tant pis ; car c'est un talent nécessaire dans notre état mais il faut espérer que les moyens que vous prendrez pour vous-même, vous mettront à portée de pouvoir servir les autres, et il me paraît que vous ne débutez pas si mal.

ERASTE.

Comment, je ne débute pas si mal ! Qu'entendez-vous par-là, je vous prie ?

LISETTE.

Une chose toute naturelle. C'est que vous aimez, que vous cherchez à plaire, et que vous réussissez assez bien.

ERASTE, *à part.*

Se serait-elle apperçue que Lucinde eût quelque bienveillance pour moi ? ( *haut.* ) Ce que vous me dites-là est assurément bien flatteur. Mais sur quel fondement vous êtes-vous imaginée que j'étais amoureux ?

LISETTE.

Mais, sur bien des apparences, des empressemens, des regards.... des gestes...... même des soupirs quelquefois; tout cela m'a dit que vous aimiez, et tout cela m'a dit vrai.

ERASTE, *à part.*

Elle a deviné le motif de mes intentions, et de mes assiduités. (*haut.* ) En sorte donc que si je vous faisais confidence de quelque affaire de cœur, vous ne me seriez point contraire.

LISETTE, *à part.*

Bon. Voici qui va nous mener à une déclaration en forme. ( *haut.* ) Mais....... non, vous savez qu'ordinairement une affaire de cœur n'a rien d'effrayant. Sans trop de curiosité, où en êtes vous ?

ERASTE.

Jusqu'à présent je me suis contraint, et mon amour, malgré sa violence, n'a point encore osé se faire connaître.

LISETTE, *à part.*

Effectivement, il ne m'en a pas encore ouvert la bouche.

(*haut.*) Mais vous avez tort, c'est aimer en pure perte. Parlez, croyez-moi, la timidité ne sied plus à votre âge, sur-tout avec des personnes qui ne sont point accoutumées à faire les avances. Parlez, vous dis-je : j'oserais presque vous assurer qu'on vous écoutera sans colère. Les femmes ont aujourd'hui l'esprit mieux fait qu'au bon vieux tems ; elles ne se fâchent plus contre ceux qui les aiment, et la reconnaissance, sur cet article, est la vertu favorite du sexe ?

ERASTE.

Ne me trompez-vous point ? Avez-vous remarqué dans l'objet de mes feux quelques dispositions favorables ?..... Ah ! que ne vous devrais-je point !

LISETTE, *à part.*

Il s'enhardit. Aidons un peu à la lettre. (*haut.*) Pensez-vous, monsieur, qu'on voulût badiner sur une affaire aussi sérieuse ? Oui, l'on m'a fait confidence des sentimens que vous inspirez, et pour vous donner des preuves de ce qu'on vous avance, vous verrez votre rival maltraité à vos yeux même : je crois qu'après un pareil triomphe, vous ne douterez plus de votre victoire.

ERASTE, *à part.*

Elle congédirait Mondor ! Puis-je me flatter d'un pareil bonheur ! Puis-je croire qu'une si glorieuse conquête.....

LISETTE.

Glorieuse conquête ! Les amans et les gascons sont furieusement amis de l'hiperbole. N'importe, je vous la pardonne. L'objet aimé nous frappe toujours d'illusion, et l'on doit excuser les yeux que l'on éblouit.

ERASTE.

Quoi ! sérieusement, vous croyez que Lucinde ne s'offenserait point d'une passion......

LISETTE.

Et qu'a-t-elle d'offensant ? Vos vues ne sont-elles pas légitimes ?

ERASTE.

Je puis vous l'assurer, et je suis même d'une condition.....

LISETTE.

Oh, je vous dispense de faire vos preuves de noblesse. Ne craignez rien, ma maitresse approuvera vos feux ; ce n'est point lui manquer de respect que d'avoir des sentimens aussi louables ; et après tout, si cela lui déplaisait, nous nous passerions fort bien d'elle.

ERASTE.

Nous nous passerions d'elle.

LISETTE.

Cela vous étonne ? Ayez meilleure opinion de vous, et, je l'ose dire, de ma délicatesse ; si vous méritez qu'on vous aime, il n'y a point de fortune que je ne vous sacrifie ; tout ceci doit se faire par degrés, au moins. Vous voyez le prix ; songez à le mériter.

ERASTE,

ERASTE, *à part.*

Elle n'a pas mal pris le change, et moi aussi ! Ah ! je m'étonnais bien que Lucinde...

LISETTE.

J'entends quelqu'un. Peste soit de l'importun. Cette conversation, quoique préliminaire, nous allait conduire aux articles. Ah ! c'est monsieur Mondor.

---

## SCENE V.

### MONDOR, ÉRASTE, LISETTE.

MONDOR.

Bon jour, ma belle enfant, comment se porte Lucinde ? Dis-moi, comment va son cœur ? En qualité de femme-de-chambre, tu dois en avoir la direction.

LISETTE.

Tout ira bien, monsieur, c'est moi qui vous le dis.

MONDOR, *à part, à Lisette.*

Que fais-tu ici de ce garçon ? Sa phisionomie ne me revient pas. Il refusa l'autre jour un présent que je voulais lui faire, c'est un nigaud, il a l'air benêt.

LISETTE.

C'est pourtant un bon garçon ; mais il y a peu de tems qu'il est dans le service, il ne sait point encore les règles. Dans le fonds, il vous honore et vous respecte infiniment.

MONDOR.

Ah ! c'est quelque chose. (*à Eraste.*) Cela est-il vrai ?

ERASTE.

Vous me feriez tort dans douter, monsieur.

MONDOR.

Effectivement je ne lui trouve pas l'air si extraordinaire : je lui crois du discernement. Oh ça, Lisette, j'aime Lucinde, comme tu sais, et à mon âge on n'a pas de tems à perdre. Crois-tu que je puisse me déclarer ? Je n'aime point à languir, moi. Voilà la quatrième fois que je vois ta maitresse, et je ne lui ai point encore declaré mon amour, quoique je l'aie aimée à la première vue : ce silence respectueux mérite quelque chose. Fais en sorte que ta maitresse m'en sache gré, et que toutes mes visites me soient comptées.

LISETTE.

Déclarez-vous, monsieur, et je me charge du reste. Je lui parlerai incessamment de vous, lui vanterai votre mérite. Il y a mille amans qui font plus de progrès par les services qu'on leur rend, que par leur présence.

ERASTE.

Qu'elle est officieuse ?

MONDOR.

Je vais donc m'offrir, moi, mon cœur, ma main, sans compter une fortune immense.

LISETTE.

On pourrait dire que les biens ne sont avantageux qu'autant qu'on en sait faire usage; mais je répondrai que vous êtes d'une générosité....

MONDOR.

Il est vrai que je donne de bon cœur; et cela me fait ressouvenir de te faire accepter cette bague.

LISETTE.

Mais, monsieur....

MONDOR.

Prends, te dis-je, et ne fais point la ridicule pour une bagatelle semblable.

LISETTE.

Vous vous moquez, monsieur, votre main donne un prix inestimable aux moindres présens que vous faites, et je reçois celui-ci sans scrupule, parce que je vous regarde déjà comme mon maître.

---

## SCENE VI.

### LUCINDE, MONDOR, ÉRASTE, LISETTE.

LUCINDE.

CELA m'inquiète à la fin; voilà plusieurs galanteries de cette nature, que je reçois sans savoir de quelle part.

MONDOR.

Ah! madame, je vous demande pardon de ne m'être pas plutôt apperçu de votre arrivée: je vois bien que l'amour ne donne pas le talent de deviner.

ÉRASTE, *à part.*

Mon cœur me l'avait pourtant annoncée.

LUCINDE.

Comment donc? vous êtes galant, monsieur.

MONDOR.

Je suis mieux que cela, madame, je suis vrai. Je viens d'un pays où l'on dit bonnement sa pensée. Il semble qu'on respire encore, dans cet heureux climat, un air de cette franchise, et de cette droiture naturelle aux sauvages; mais surtout, en fait d'amour. On se voit, on s'aime, on se le dit; si l'on se convient, on s'épouse. Pour moi, je trouve ce procédé charmant; et si c'était la mode, je vous demanderais sans façon: Madame, suis-je votre fait.

ÉRASTE, *à part.*

La délicate façon d'aimer!

LISETTE.

Que ne suis-je en Canada !

LUCINDE.

Que ce pays ressemble peu à celui dont vous parlez ! La bouche est rarement ici l'interprête du cœur : fort volontiers chacun y pense mal des autres ; mais par ménagement, bienséance ou intérêt, on se trouve obligé de déguiser ses sentimens; ce qui a fait introduire, pour la commodité du commerce de la vie, un espèce de jargon, qu'on appelle galanterie, politesse, savoir-vivre, à la faveur duquel on se dit réciproquement les choses du monde les plus obligeantes : mais c'est sans conséquence, on en est convenu, et si quelqu'un était assez dupe pour prendre ces complimens au pied de la lettre, on l'accuserait de ne pas savoir son monde.

MONDOR.

La parole n'est faite que pour exprimer ce qu'on pense, et voici le fait. Un heureux hasard m'a fait lier connaissance avec vous : la lettre dont votre oncle le gouverneur m'a chargé, me l'a procurée. Vous m'avez permis de vous rendre mes devoirs, j'ai cru ne pouvoir mieux faire que de vous aimer, parce que j'y trouve un plaisir inexprimable. Je puis donc vous offrir, avec ma main, le partage de cent bonnes mille livre de rente. Si j'étais jeune, je vous crois si désintéressée que je ne vous parlerais pas de mon bien ; mais je commence à ne l'être plus. Il vous faut un prétexte pour m'épouser, je vous l'offre.

LISETTE, *bas, à Lucinde.*

Résistez à cela, si vous pouvez.

LUCINDE.

Si vos propositions sont sincères, elles ne sont pas moins brillantes : mais si j'allais vous tromper, moi.

MONDOR.

Est-ce que vous savez votre monde? Allez, allez, je vous connais trop pour le craindre.

LUCINDE.

Vous avez raison, et c'est parce que je suis sincère que je vous conseille de prendre encore du tems pour me mieux connaître. Je me suis mariée par obéissance ; vous voulez que je me marie par raison. Voilà deux motifs qui ne font pas faire de l'hymen une épreuve bien avantageuse, et je voudrais avoir plus que de la reconnoissance pour un homme qui aurait voulu faire mon bonheur.

MONDOR.

C'est-à-dire, que vous ne sentez point pour moi de passion violente.

LUCINDE.

Non, vraiment.

MONDOR.

Je le crois, vous n'avez pas eu le tems; aussi n'avez-vous poiut d'aversion.....

LUCINDE.

J'en suis bien éloignée.

MONDOR.

Voilà tout ce que je demande. Un mari est trop heureux quand on ne le trouve pas insupportable.

LISETTE, *bas, à Lucinde.*

Quel trésor, madame!

MONDOR.

Et je ne vous donnerai pas seulement le tems d'être indifférente. Tous vos momens seront marqués par des plaisirs nouveaux.

LUCINDE.

Vous êtes d'une humeur charmante.

MONDOR.

Vous pouvez compter sur des complaisances infinies et perpétuelles. Ce sont ordinairement les mauvaises manières qui détruisent l'amour entre les époux; et par conséquent les bonnes doivent le faire naître.

LUCINDE.

Savez-vous bien que vous êtes dangereux, monsieur, et que de pareils sentimens valent, pour le moins, les agrémens de la jeunesse?

MONDOR.

C'est-à-dire, que vous vous rendez.

LUCINDE.

Oh! pas encore; car je me défie des poëtes; ils exagèrent ordinairement, et vous faites de si jolis vers, que je crains que vous ne donniez dans la fiction.

MONDOR.

Des vers, madame! Si josais vous demander ce que vous entendez par-là?

LUCINDE.

Allez, monsieur, je ne suis point ridicule; loin de m'en fâcher, je vous permets de m'en donner souvent; car ils sont très-jolis.

MONDOR.

Parlez-vous sérieusement, madame? Je vous ai donné des vers, moi? Vous vous moquez, je n'en ai jamais su faire.

LUCINDE.

Ne vous en défendez point; je vous dis qu'ils m'ont fait plaisir.

MONDOR, *bas.*

Que diable veut-elle donc dire avec ses vers? (*haut.*) Mais, madame, jetez seulement les yeux sur moi; ai-je l'air et l'encolure d'un poëte?

LISETTE, *à Mondor.*

Si c'est vous qui les avez faits, pourquoi ne pas l'avouer? Vous auriez fort bien pu vous adresser à moi pour les faire tenir.

MONDOR.

A l'autre!

LISETTE, *à Lucinde.*

C'est monsieur qui les a faits. (*à Mondor.*) Dites donc qu'oui.

MONDOR.

Mais il y a consience; je n'ai jamais fait que des lettres-de-change, moi.

LUCINDE.

Tenez, lisez vous-même. Je suis persuadée que vous les trouverez bons, quoiqu'ils soient de vous.

MONDOR, *lit mal.*

Ah! qu'il est douloureux de cacher son amour
Pour un objet où brillent tant de charmes!
J'aime Daphné......

Parbleu! voilà des vers que je pourrais fort bien avoir faits, ils ne valent pas le diable.

ERASTE.

Monsieur, la plupart des poëtes n'ont pas le don de bien lire leurs ouvrages. Je me suis fait une étude particulière de la lecture; et si vous voulez que je vous épargne la peine....

MONDOR.

Tu me feras plaisir, l'Orange. Voyons comme tu t'en tireras.

LUCINDE, *à Lisette.*

Il le fait exprès.

LISETTE.

Sans doute.

ERASTE, *lit.*

Ah! qu'il est douloureux de cacher son amour
Pour un objet où brillent tant de charmes!
J'aime Daphné, je la vois chaque jour;
Mais ce bonheur fait naître mes allarmes:
Il redouble les feux dont je suis consumé,
Et le respect veut que je les dévore:
Amour! je n'attends point le plaisir d'être aimé;
Mais donne-moi celui de dire que j'adore.

(*Il regarde Lucinde en soupirant.*)

LUCINDE.

L'Orange lit fort bien, vraiment.

MONDOR.

Le *respect..... que j'adore.....* cela est assez joli.

LUCINDE.

Vous convenez donc que c'est de vous qu'ils me viennent?

MONDOR.

Puisque vous le voulez absolument, il faut bien que cela soit. (*bas.*) Il n'y a pourtant rien de si faux. (*haut.*) Parbleu, vous ne pouvez plus vous dispenser de faire quelque chose pour moi, madame, puisque je fais pour vous..... l'impossible.

LUCINDE, *riant.*

Je ne sais qu'en dire; en vérité, je ne puis me résoudre à

vous ôter toute espérance : mais sur-tout, donnez-moi souvent des vers, et donnez-les vous même ; ils n'en seront que mieux reçus.

MONDOR.

Laissez-moi faire ; je vous jure que vous n'en manquerez pàs, si mon Appollon veut m'être toujours aussi favorable. Adieu madame, je vais chez mon banquier pour y reçevoir un paiement ; car on ne peut pas toujours faire des vers ; je reviendrai ensuite. Je vous conjure cependant de faire quelque attention à ma prose ; elle est plus sonnore que ma poésie..... (*à part en sortant.*) Poete ! parbleu, je ne pensais pas, en arrivant ici, à me voir enregistrer au Parnasse ; je crois qu'elle se moque de moi.

---

## SCENE VII.

LUCINDE, ÉRASTE, LISETTE.

LUCINDE.

IL se divertit et m'amuse. Tâchons de savoir qui, de Lisette ou de l'Orange, s'intéresse en sa faveur, et a mis ses vers sur ma toilette. L'Orange les a lus d'une manière à me faire croire que c'est lui. Hé bien, Lisette, que pensez-vous de Mondor ?

LISETTE.

Qu'il vous aime autant que vous méritez de l'être, madame, et cela signifie qu'on ne peut rien ajouter à son amour.

LUCINDE.

Il aurait de la peine à s'expliquer mieux, s'il parlait lui-même. Et vous, l'Orange, croyez-vous qu'il m'aime autant que Lisette le dit ?

ERASTE.

Ne me demandez point si l'on vous aime, madame, ce sentiment doit être naturel à tous ceux qui ont le bonheur de vous connaître.

LUCINDE.

(*à part.*) Ils sont d'intelligence. (*haut.*) Je ne suis pas encore décidée sur son compte. Je vous crois tous deux attachés à ma personne. Dites-moi naturellement ce que vous pensez là-dessus ?

LISETTE.

Tous ceux à qui vos véritables intérêts seront chers, vous conseilleront de conclure ce mariage. Il est prodigieusement riche, et c'est un grand point, madame.

LUCINDE.

Il est vrai. Mais il peut-être avare.

LISETTE.

Je ne le crois pas sujet à ce défaut. (*en regardant le diamant.*) Il a une certaine façon de s'annoncer....

LUCINDE.

Je suis charmée de ce que tu me dis-là. Mais d'où te vient ce brillant? Il me semble l'avoir vu à Mondor.

LISETTE.

Hélas! Il faut qu'il me l'ait donné sans que je m'en sois apperçue.

LUCINDE.

Voilà une heureuse distraction.

LISETTE.

Mais je le lui rendrai, et je lui dirai fort bien que cela ne convient pas.

LUCINDE.

(*à part.*) Je n'en puis plus douter. (*haut à Eraste.*) As-tu vendu bien cher ton suffrage.

ERASTE.

Madame, je ne suis point sujet aux distractions. Monsieur Mondor m'a voulu faire des présens; mais ses offres m'ont paru indignes de lui et de moi; ce sont des soins assidus, une passion sincère et approuvée, qui doivent conduire au bonheur d'être votre époux; tout autre secours en dégradent le plaisir et la gloire.

LISETTE, *d'un air de pitié.*

Le beau raisonnement!

LUCINDE.

Laissez-le parler, Lisette.

ERASTE.

Et puisque madame me permet de dire mon sentiment, je lui avouerai que je serais surpris, après la triste expérience qu'elle a faite du mariage, de lui voir épouser un vieillard, qui ne peut lui offrir que des richesses, peu capables de flatter un cœur comme le sien.

LISETTE.

Un vieillard! Un homme est-il vieux à soixante ans? Et je gagerois que monsieur Mondor ne les a pas encore. Vous feriez mieux de vous taire.

LUCINDE.

Donnez-vous ce conseil à vous-même, Lisette.

ERASTE.

J'ai le bonheur d'être attaché à madame, et le ciel m'est témoin que ce n'est point par intérêt. Mon zèle part d'un motif plus pur et plus noble, et je sacrifierais tous les biens du monde, plutôt que de lui rien proposer qui pût la rendre malheureuse.

LUCINDE.

J'en suis persuadée. (*à part.*) Ce garçon a le cœur excellent.

LISETTE.

Comment malheureuse! cinquante mille livres de plus n'ont jamais produit un pareil effet.

ERASTE.

Les richesses sont une faible ressource contre les chagrins domestiques, et une triste consolation des malheurs attachés à un mariage mal assorti. Un mari vieux, est ordinairement un mari jaloux, et quelque vertueuse que soit sa femme, elle n'en est pas moins persécutée. La certitude où il est de ne pouvoir lui plaire, enfante des soupçons insupportables qu'on augmente en voulant les guérir. Tout lui est suspect, jusqu'aux attentions d'une chaste épouse. Mais avec un mari jeune et tendre, on trouve un ami dans la société, un consolateur dans ses peines, un amant dans le sein du mariage: il fait son unique affaire de vos plaisirs, parce que vos plaisirs sont les siens. Toujours enflammé, toujours constant, parce qu'il est toujours heureux. Voilà, madame, l'époux qui peut seul mériter votre main et votre cœur.

LISETTE.

Si madame n'en épouse jamais d'autres, je lui prédis qu'elle mourra veuve. Vous devriez, pour l'honneur de votre tableau, nous en montrer l'original.

ERASTE.

Il ne serait pas difficile à trouver. Je ne détaille ici que des sentimens, et madame est sûre de les trouver, puisqu'ils doivent être l'ouvrage de ses charmes.

LISETTE.

Et moi, je soutiens....

LUCINDE.

Il suffit. (*à part.*) Tant d'esprit dans un domestique! Cela n'est pas naturel. Je sais présentement à quoi m'en tenir sur le chapitre des vers. Et vous, l'Orange, je vous rends justice. (*haut.*) Dans un moment, j'aurai une commission à vous donner, Lisette. (*Elle sort.*)

---

## SCENE VIII.

ERASTE, LISETTE.

LISETTE.

APPLAUDISSEZ-VOUS; vous venez de faire un beau coup! Ah! que vous êtes heureux qu'on ne puisse pas vous vouloir de mal! Prenez-y garde, au moins, ce zèle mal entendu vous donnerait un ridicule affreux. Il faut que chacun s'accoutume à penser selon son état. Rien n'est si mal placé qu'un avis généreux dans la bouche d'un domestique, et le conseil qu'il donne, fût-il le meilleur du monde, un maître est engagé, par honneur, à faire tout le contraire; c'est la règle.

ERASTE.

C'est pour cela, sans doute, que vous en donnez un mauvais à madame.

LISETTE.

LISETTE.

Un mauvais !

ERASTE.

Mais, s'il est bon, Lucinde est engagée à faire le contraire. Ne dites-vous pas que c'est la règle ?

LISETTE,

Cela est bien différent; une femme-de-chambre est, par son état, le conseil privé de madame; et madame, quand elle sait vivre, ne doit rien faire sans l'avis de sa femme-de-chambre; c'est encore la règle.... Mais revenons à notre entretien de tantôt; nous étions convenus, ce me semble....

ERASTE.

Voici Frontin, et j'ai mes raisons pour ne point parler de cela devant lui.

LISETTE, *à part.*

Il croit que je l'aime encore. (*haut à Eraste.*) Soyez en repos. (*à part.*) Je vais faire confidence de cet amour à Lucinde; elle pourrait se fâcher si je lui en faisais mystère.

## SCENE IX.

ÉRASTE, LISETTE, FRONTIN.

FRONTIN.

Bon jour, mes amis. Hé bien! qu'est-ce? Comment te portes-tu, mon enfant? Tu peux à présent me faire ta cour. J'ai quelques minutes à te sacrifier.

LISETTE, *tendrement.*

Adieu, l'Orange.

FRONTIN.

Hem?

LISETTE, *plus tendrement.*

Adieu, l'Orange.

## SCENE X.

ÉRASTE, FRONTIN.

FRONTIN.

Monsieur, voilà des adieux significatifs.

ERASTE.

Nous nous adressions à merveille pour en faire une confidente! Cette folle s'est imaginée que je l'aimais, et bien plus, Frontin, elle m'aime.

FRONTIN.

Cela ne se peut pas, monsieur.

ERASTE.

Il est vrai que la préférence doit t'étonner ; mais celà ne laisse pas d'être.

FRONTIN.

La chienne !

ERASTE.

Rassure-toi, je te l'abandonne.

FRONTIN.

Vous me faites-là un beau présent ! M'abandonner une perfide ! J'enrage ! Mais je suis un grand sot : je ne l'aimais pas, et son inconstance me pique.

ERASTE.

Lucinde ne me parait point disposée en faveur de Mondor, cela me rassure. Lisette est chargée de l'affaire des vers. Mais mon amour que deviendra-t-il ? Et quelles mesures prendre pour le faire triompher ?

FRONTIN.

Voilà enfin l'épreuve de votre roman.

ERASTE.

Ah ! bon, je puis corriger ici; il n'y a pas d'apparence qu'on vienne m'interrompre. Lucinde est rentrée, et je ne crois pas qu'elle sorte de si-tôt.... Je reconnais-là mon Imprimeur; quel papier ! quel caractère !

FRONTIN.

Les doigts me démangent dès que je vois écrire; c'est une rage : aussi portai-je toujours avec moi mon ouvrage. Allons, cédons au noble transport qui nous anime, écrivons, instruisons l'Univers... Trouvons d'abord un titre heureux : » LE PARFAIT » DOMESTIQUE «. Fort bien ! ou » L'HISTOIRE CURIEUSE ET » VÉRITABLE DU CÉLÈBRE FRONTIN «. Charmant début !

---

## SCENE XI.

### LUCINDE, ÉRASTE, FRONTIN.

LUCINDE.

LISETTE vient de m'étonner. Les sentimens que ce garçon fait paraître annonceraient en lui des inclinations plus relevées. Mais j'ai des soupçons sur sa naissance que je veux éclaircir. Le voilà, si je ne me trompe, dans quelque occupation sérieuse. Approchons doucement, et sachons ce que ce peut être.

ERASTE.

Le désagréable métier que celui de corriger des ouvrages ! Voilà déjà plus de dix fautes dans le premier feuillet. Tu lui diras de ma part, que je suis tout-à-fait mécontent.

LUCINDE.

Je n'y manquerai pas.

FRONTIN.

Comment diable ! J'écris comme un ange ! Si cela continue l'ouvrage sera court ; je n'en ai fait que trois pages, et me voilà presque à la fin. Eh bien, il ennuira moins.

ERASTE.

Si tu voulais bien ne pas parler si haut.

FRONTIN.

Au reste, c'est une belle qualité, et même assez rare, que de savoir être laconique ; mais aussi ne faut-il rien obmettre des principales actions de ma vie. Récapitulons un peu. Dans les circonstances de ma naissance, je n'ai rien oublié que le nom de mon père ; mais ce n'est pas ma faute ; que ne s'est-il fait connaître ? Voilà mes campagnes sur mer, de Toulon à Marseille et de Marseille à Toulon.

ERASTE.

On a bien raison de dire qu'un ouvrage n'est pas encore achevé, quand il est entre les mains de l'Imprimeur.

FRONTIN.

CHAPITRE TROISIEME. » Comme quoi Frontin paraît à la » cour ; rend de grands services à un jeune seigneur, et le met » dans le monde, au moyen des bonnes connoissances qu'il » lui donne «.

LUCINDE, *à part.*

Votre style me paraît beau.

ERASTE.

Trouvez-vous cela, monsieur Frontin ? Je suis fort aise qu'il soit de votre goût.

FRONTIN.

» Frontin entre valet-de-chambre de monsieur *** «. Il faut avoir de la discrétion et ne point nommer les masques. » Il » vole son maître qui s'en apperçoit, et ne le chasse point «. Je connaissais mon homme ; il m'aurait chassé si je l'avais servi fidèlement.

ERASTE.

Il n'est pas permis de tenir contre tant de sottises. Demande-lui s'il se moque de moi.

LUCINDE, *à part.*

Cela suffit, je lui dirai.

ERASTE.

Monsieur Frontin fait l'agréable ; il adoucit sa voix : il en est, sans doute, à quelque endroit tendre de son roman.

FRONTIN.

Me voici à l'infidélité de ma coquette. Allons, broyons du noir, barbouillons-là des plus affreuses couleurs ; que ce tableau effraye tout son sexe, qu'il soit semé de réflexions ; les réflexions sont la rocambole des romans.

LUCINDE, *à part.*

Son héroïne ne ressemble guères au portrait qu'il en fait.

FRONTIN.

» J'entre dans un bosquet pour rêver à la perfide, je la » trouve sur un lit de gazon, en pet-en-l'air. »

ERASTE.

Frontin ! Frontin !

FRONTIN.

Attendez monsieur, je n'ai plus qu'un mot à écrire. » Je » lui jette un coup-d'œil assez farouche, elle veut fuir mes » reproches; mais un orage épouventable inonde tout-à-coup » le jardin. Déjà le bosquet est entouré d'eau, ma perfide en » a jusqu'à mi-jambe; je ne daigne pas lui donner le moindre » secours, et je monte sur un arbre «. Quelle magnifique description !

ERASTE.

Frontin !

FRONTIN.

Je suis à vous... ( *appercevant Lucinde.* ) Ah ! nous sommes perdus !

( *Il tousse, et fait des signes à Eraste.* )

ERASTE.

Qu'as-tu donc ? que veux-tu dire ?

LUCINDE.

L'Orange, sais-tu bien qu'il est ridicule de me faire attendre si long-tems pour une bagatelle semblable ?

ERASTE, *se retournant.*

Ah ciel !... madame, je vous fais mille excuses; je ne vous croyais pas si près.

LUCINDE.

A quoi étiez-vous occupé ?

FRONTIN.

Madame, il est inutile de vous rien déguiser. J'ai quelque goût pour les relations, et je m'amuse de tems en tems à en donner au public. Cela ne doit point vous surprendre ; car je suis petit-fils en ligne directe de ce cocher fameux qui a tant fait de bruit dans Paris. Mais j'ai toujours négligé l'orthographe, et l'Orange, mon camarade, me sert pour ces minucies. Nous partageons les profits.

ERASTE, *bas à Frontin.*

Misérable ! Qu'as-tu fait ? M'avoir ainsi laissé surprendre !

FRONTIN.

C'est l'effet de la composition ; j'étais dans l'enthousiasme. Adieu, camarade.

## SCENE XII.

### LUCINDE, ÉRASTE.

LUCINDE, *bas.*

Que veut dire ceci ? Il parle à Frontin d'un air d'autorité ! (*haut.*) L'Orange, où avez-vous connu ce garçon-là.

ERASTE.

Madame, notre connaissance s'est faite à Lyon.

LUCINDE.

Etes-vous de cette ville ?

ERASTE.

Je crois qu'oui, madame. (*à part.*) Je suis tout troublé.

LUCINDE.

Vous croyez ? ce sont de ces choses qu'on peut affirmer sans aucun doute : je connais les principales maisons de cette ville ; j'y ai même des parens. Avez-vous servi dans ce pays ?

ERASTE.

Non, madame, vous êtes la première personne à qui j'ai eu l'honneur d'offrir mes services.

LUCINDE.

Je vous ai pris chez moi sans beaucoup m'informer de vous. Votre physionomie, votre façon de penser et de vous exprimer, un certain air au-dessus de votre état, tout ma parlé pour vous. Je crois que je ne me suis point trompée, et je suis fort satisfaite de vous avoir.

ERASTE.

Madame, l'envie de vous contenter et de mériter vos bontés m'aura sans doute donné de nouveaux talens. Heureux de voir agréer mon zèle par la personne qui le mérite le mieux !

LUCINDE.

Ce n'est point un compliment que je vous demande ; je veux connaître votre famille, et non pas votre esprit ; je sais que vous n'en manquez pas. Apprenez-moi qui vous êtes, qui sont vos parens, pourquoi vous vous trouvez réduit à cet état ? Car il me semble que vous n'avez point été élevé pour servir. On ne voit point de gens de votre sorte agir avec cette liberté, cette aisance qu'on n'acquiert que dans un certain monde. Je dirais plus, j'ai remarqué en vous des sentimens qui ne se trouvent guères que dans des personnes bien nées, et dont l'éducation a perfectionné le bon naturel.

ERASTE, *à part.*

Que cet examen est rude à soutenir. (*haut.*) Madame, mes parens ne sont pourtant pas riches, mes ils coulent des jours paisibles dans cet heureux état de médiocrité où la fortune est trop bornée pour inspirer de vains désirs, où les desirs sont trop modérés pour souhaiter une plus grande fortune.

LUCINDE.

Mais comment donc? Voilà l'état du vrai sage. Pourquoi les avez-vous quittés? Je vous crois trop raisonnable pour vous soupçonner de vous être brouillé avec eux... Vous serait-il arrivé quelque affaire? Auriez-vous des raisons pour vous cacher?.... Vous me paraissez embarrassé. Rassurez-vous, je n'ai point envie de vous nuire. Dites-moi, l'amour n'aurait-il point de part à tout ceci?

ERASTE.

L'amour, madame? Quoi! vous pourriez penser......

LUCINDE, *bas.*

Quelle agitation! Lisette a raison, il l'aime. (*haut.*) Je ne suis point si sévère, et je sais qu'à votre âge on peut, sans crime, avoir une inclination. Je crois même m'être apperçue qu'il y a ici quelqu'un qui ne vous est pas indifférent. Oui, l'Orange, vous aimez, convenez-en. (*bas.*) C'est pourtant dommage; car, en vérité, Lisette ne le vaut pas.

ERASTE.

Hélas! madame, il n'est que trop vrai qu'on n'est pas maître de son cœur; mais je mourrais plutôt que de sortir du respect que je vous dois.

LUCINDE, *bas.*

Il a peur de m'offenser en aimant ma femme-de-chambre. Hélas! il s'offense lui-même. (*haut.*) Puisque vous êtes entraîné par un penchant que vous ne pouvez vaincre, je vous avoue que vous êtes à plaindre; car enfin, avez-vous bien réfléchi sur l'objet, et aux suites de votre passion?

ERASTE, *bas.*

Je n'en doute plus, elle sait que je l'aime.

LUCINDE.

C'est parce que je vous connais de la raison que je veux que vous en fassiez usage. Répondez-moi, l'Orange, c'est chez moi que vous aimez?

ERASTE.

Oui, madame; mais vous cherchez à me rendre malheureux. Quel intérêt peut vous faire desirer de savoir ce qui se passe dans mon cœur! Mais que dis-je? Vous ne l'ignorez pas, et vous ne voulez m'arracher l'aveu de ma témérité, que pour m'en punir avec la dernière rigueur.

LUCINDE, *bas.*

L'aveu de sa témérité! L'amour le met hors de lui-même. (*haut.*) Non, je ne veux point vous en punir, mais vous tirer de votre aveuglement, s'il est possible.

ERASTE.

Ah! madame, puisque vous êtes instruite de mon secret,

soyez-le aussi de ma résolution, Oui, quoiqu'il en puisse arriver, j'adorerai toute ma vie le charmant objet....

LUCINDE.

Cela est un peut fort. De l'adoration! Le charmant objet! Mais on doit pardonner ce langage à l'amant prévenu.

ERASTE.

L'amour ne maveugle point, madame, mes expressions sont beaucoup au-dessous de ma pensée; et la beauté, l'esprit et le cœur de celle que j'adore sont infiniment au-dessus de l'un et de l'autre; c'est une justice que vous lui rendriez vous-même, si l'éloge ne vous faisait pas rougir.

LUCINDE.

Oh! ç'en est trop. Quoi, l'Orange, songez-vous bien que votre amour pour elle me fait éprouver votre impolitesse?

ERASTE.

Moi, madame?

LUCINDE.

Allons, je vois bien que le mal a besoin d'un prompt remède, puisqu'il vous fait tourner l'esprit. Soyez tranquille, j'approuve votre passion, puisque vous le voulez, et dès demain vous serez heureux.

ERASTE.

Madame, je le vois, l'ironie est le parti que vous prenez. Je ne suis pas digne, en effet, de votre colère; mais sans votre ordre je ne serais pas coupable.

LUCINDE, *bas.*

Il traite cette affaire on ne peut pas plus sérieusement. (*haut.*) L'Orange, je sais les dispositions de votre maitresse, et vous pouvez compter qu'en recevant votre main, son sort sera, pour le moins, aussi heureux que le vôtre.

ERASTE, *bas.*

Elle m'aime! Elle sait donc qui je suis! (*haut.*) Ah! madame, est-il quelque mortel qui se soit jamais trouvé dans une situation plus heureuse et plus charmante? Vous approuvez ma tendresse, vous souffrez que je vous consacre une vie que je jure de passer à vos pieds.

(*Il se met à genoux.*)

LUCINDE.

Vous poussez trop loin la reconnaissance, l'Orange, et c'est sans doute encore une suite du dérangement où vous jette votre amour. Levez-vous, et allez trouver Lisette de ma part.

ERASTE.

Que lui dirai-je, Madame?

LUCINDE.

Tout ce qu'il vous plaira. Ne voudriez-vous pas que je vous dictasse les choses que vous avez à lui dire? Arrangez-vous avec elle.

ERASTE.

Mais, madame, elle est donc dans votre confidence?

LUCINDE.

Non vraiment ; c'est moi qui ai l'honneur d'être dans la sienne. (*bas.*) Il est absolument dérangé ! Il me fait pitié. (*haut.*) Dites-lui donc, puisqu'il faut que ce soit moi qui vous instruise, que je consens à son mariage avec vous, et que je me charge même de sa dot.

ERASTE.

Son mariage avec moi, madame ? Il n'en a jamais été question.

LUCINDE.

Oh ! je m'impatiente, à la fin. Quoi donc ? Vous aimez une fille chez moi, sans qu'il soit question de mariage.

ERASTE.

Je ne l'aime point, madame.

LUCINDE, *à part.*

Ciel ! qu'entends-je ? il aime ici, et ce n'est point Lisette?

ERASTE, *à part.*

Elle me parloit de Lisette !

LUCINDE.

Vous m'en imposez, l'Orange. Lisette n'est point fille à m'avancer des faussetés ; et puisque vous osez aimer chez moi, il n'y a qu'elle et le mariage qui puissent justifier votre hardiesse. Pesez bien sur ce que je vous dis, et laissez-moi seule.

ERASTE.

Madame.....

LUCINDE.

Sortez, vous dis-je.

ERASTE.

Je suis perdu !

LUCINDE, *seule.*

Je crains d'avoir approfondi ce que je voudrais ignorer. L'Orange, que je trouvais si poli, si spirituel, pour un domestique, n'est autre chose qu'un amant déguisé. Quelle témérité ! Mais il est jeune, et ce n'est que folie. Il n'a pas senti les conséquences de sa démarche. C'est quelqu'étourdi, quelque jeune homme de famille, à qui les romans auront gâté l'esprit. Il en fait lui-même ; il n'en faut pas davantage pour tenter des aventures. Je dois pourtant lui rendre justice, sa passion n'a paru qu'à titre de zèle et du respect le plus . Mais, n'importe ; malgré tout cela, je vais le ren- ...t à l'heure. Mais, voici Mondor.

---

SCENE

## SCÈNE XIII.

MONDOR, LUCINDE.

LUCINDE.

EH bien, monsieur, aurons-nous des vers?

MONDOR.

Oh! je vous en réponds, et des bons!

LUCINDE.

Je n'en doute point, si vous les faites vous-même.

MONDOR.

Oh! pour cela je ne suis pas si dupe; j'aime beaucoup mieux les acheter tous faits, cela est plus commode. J'en ai commandé dix mille au bon faiseur; vous les aurez, je crois, demain matin, car je les ai payés d'avance. Mais un soin plus important me rappelle auprès de vous : puis-je enfin savoir comment je suis dans votre esprit et dans votre cœur?

LUCINDE.

Comme une personne que j'estime beaucoup.

MONDOR.

J'enrage? Quand une femme dit à un homme qu'elle l'estime; c'est, à peu près, comme quand un homme dit à une femme qu'il la respecte. Un peu d'amour ne vaudrait-il pas mieux que cette estime-là?

LUCINDE.

Quoi? vous pensez encore à cela? J'ai cru que c'était pour badiner, que vous m'en aviez parlé tantôt.

MONDOR.

Pour badiner! Parbleu, madame, je défie que quelqu'un puisse vous aimer en badinant; vos yeux y mettent bon ordre.

LUCINDE.

C'est donc tout de bon que vous m'aimez?

MONDOR.

Oui, madame, et de bonne foi.

LUCINDE.

Je vais donc vous parler avec sincérité. Vous savez, monsieur, que je suis veuve.

MONDOR.

Tant mieux.

LUCINDE.

Je jouis de ma liberté, et graces au ciel, je ne m'en ennuie pas encore.

MONDOR.

Oh! parbleu, vous serez libre avec moi plus que jamais; vous ne serez gênée en rien.

LUCINDE.

Je me gênerais peut-être moi-même. Croyez-moi, monsieur, vous êtes dans un âge où le joug de l'hymen est bien pesant. Vous vivez content, votre humeur est charmante: dès que vous seriez marié, vous deviendriez rêveur, sombre, chagrin: j'ai dans l'idée, enfin, qu'une femme vous porterait malheur.

MONDOR.

Voilà un conseil qui a tout l'air d'une audience de congé.

---

## SCÈNE XIV.

MONDOR, LUCINDE, LISETTE.

LISETTE.

Monsieur, voilà une lettre qui presse.

MONDOR.

C'est, sans doute, un échantillon des vers en question.... Non vraiment, c'est une lettre de mon frère. Il me donne apparemment des nouvelles de ce neveu dont je vous ai parlé, et dont je suis fort en peine. Madame....

( *Voulant s'en aller.* )

LUCINDE.

Non, monsieur, lisez ici; je sai trop combien l'affaire vous intéresse.

MONDOR.

Puisque vous me le permettez....

LUCINDE.

Je souhaite que ce que vous allez apprendre vous tire d'inquiétude.

MONDOR.

Ah!

LUCINDE.

Qu'avez-vous donc?

MONDOR.

Eraste, mon neveu, est à Paris depuis trois mois.

LUCINDE.

Ah! je respire. J'ai cru que vous alliez m'apprendre qu'il était mort, ou dangereusement malade... Je ne vois rien là qui doive vous affliger; il est peut-être à Paris, et ne peut vous trouver, faute de savoir votre nom: car vous en avez changé, sans beaucoup de raison, ce me semble.

MONDOR.

Sans beaucoup de raison! Quand on s'est battu, qu'on a tué son homme, et que l'affaire n'est pas encore accommodée...

LUCINDE.

Mais votre neveu était-il seul? n'avait-il personne avec lui?

MONDOR.

Il est parti, à ce qu'on m'écrit, avec un domestique nommé Frontin.

LUCINDE, *bas.*

Ah! qu'entends-je? (*haut.*) Frontin vient souvent ici; il est des amis de l'Orange, et l'un ou l'autre vous en donneront peut-être des nouvelles. Lisette!

---

## SCENE XV.

LUCINDE, MONDOR, LISETTE.

LISETTE.

MADAME.

LUCINDE.

Que l'on cherche Frontin, il peut rendre à monsieur un grand service, duquel il sera récompensé: et que l'Orange vienne ici sur-le-champ. Rassurez-vous, monsieur, vous apprendrez bien-tôt ce qu'est devenu votre neveu.

MONDOR.

Helas! madame, que me servirait de le retrouver? Vous le dirai-je? Il est perdu pour moi, après l'indigne action par laquelle il vient de se déshonorer, lui et toute sa famille.

LUCINDE.

Qu'a-t-il donc fait? expliquez-vous, de grâce.

MONDOR.

Son père me marque qu'il a appris, et cela par des gens qui l'ont vu en cet état, qu'Eraste est au service d'une dame.

LUCINDE, *à part.*

Ah ciel! Eraste est chez moi.

MONDOR.

Je vous suis bien obligé, madame, de prendre tant de part à cette affaire. Je connais votre bon cœur. Jugez de ma douleur ; vous m'en voyez pénétré. Se faire laquais ! un enfant de famille ! un fils unique !

LUCINDE.

Ecoutez, il me vient une idée : peut-être est-il amoureux de la personne qu'il sert ?

MONDOR.

Parbleu ! que ne se donne-t-il pour ce qu'il est ? Si elle le refusait, elle serait bien difficile.

LUCINDE.

Vous m'avez dit qu'il était bien fait ; qu'il avait de l'esprit ?

MONDOR.

Oh ! de l'esprit, il n'en a que trop ! Mais point de jugement. A quoi croiriez-vous qu'il passait son tems ? à faire des romans. La belle occupation !

LUCINDE.

Des romans ? Mais cela amuse.

MONDOR.

Oui, madame, des romans, et de plus des vers ! Des vers et des romans ? N'y a-t-il pas-là de quoi faire tourner la cervelle la mieux timbrée ? Il ne lui manquerait plus que de faire des comédies, pour être tout à fait joli garçon !

---

## SCÈNE XVI.

LUCINDE, MONDOR, ÉRASTE.

ÉRASTE.

MADAME, je me rends à vos ordres.

LUCINDE.

L'Orange, monsieur, se trouve dans un grand embarras. Il ne sait ce que peut être devenu un neveu qu'il attendait ; vous pouvez l'avoir connu, puisque vous êtes de Lyon ; il se nomme Eraste.

ERASTE, *à part.*

Qu'entends-je ! Mondor est mon oncle. Ah ! Que vais-je devenir ?

LUCINDE, *bas.*

Quelle situation ! Je la partage : le pauvre garçon !

MONDOR, *à Lucinde.*

Il paraît surpris; il faut quil sache où est Eraste.

LUCINDE, *à Mondor.*

Parlez-lui doucement, ne l'effarouchez point.

MONDOR.

Viens-çà, coquin.... Non, non.... Rassure-toi, mon ami. Je ne t'accuse point d'être d'intelligence avec mon neveu. Tu le connais donc ?

ERASTE.

Oui, monsieur.

MONDOR.

Et tu sais, sans doute, la belle équipée qu'il a faite, ce fripon-là.

ERASTE.

Je sais, monsieur ce que vous voulez dire; mais ne l'accablez point de votre courroux. Il a trouvé, dans la faute même qu'il a commise, une punition plus sévère que celle que vous pourriez lui faire éprouver. Il est méprisé de celle qu'il adore; que faut-il de plus à votre vengeance ?

MONDOR.

Le pauvre garçon en a la larme à l'œil; il s'intéresse furieusement pour mon neveu. Et bien, fais en sorte qu'il paraisse à mes yeux d'une façon que je puisse le reconnaître sans rougir. Tu sais où il est ?

ERASTE.

Non, monsieur, je l'ignore. (*à part.*) Ah! si j'allais être découvert devant Lucinde, que deviendrais-je ?

MONDOR.

Mais puisque tu sais qu'il est chez une dame.... Chez une dame! chez quelque coquette, sans doute ?

ERASTE.

Ah! Monsieur, qu'osez-vous dire ?

MONDOR.

Parbleu, je m'en rapporte à madame. Une femme qui a des laquais de cette espèce....

LUCINDE.

Voici Frontin.

MONDOR.

Ah! bon.

ERASTE.

Tout est perdu !

## SCENE XVII.

LES PRÉCÉDENS, LISETTE, FRONTIN.

LISETTE, *à Frontin.*

SI tu peux lui donner des nouvelles de ce qu'il cherche, ta fortune est faite.

FRONTIN.

Je tâcherai de profiter de l'occasion. De quoi s'agit-il ?

LISETTE.

Il te le dira lui-même. Monsieur, voila Frontin, cet honnête garçon à qui vous voulez parler.

( *Eraste fait des signes à Frontin.* )

FRONTIN, *à Mondor.*

Monsieur, il est bien flatteur pour moi, que mon étoile m'ait procuré l'honneur de la satisfaction de....

MONDOR, *le prenant au colet.*

Point de compliment ; tranchons court, s'il vous plaît.

FRONTIN.

Monsieur, je suis bien votre serviteur. ( *bas.* ) Quelle est donc cette fortune ?

MONDOR.

Où est Eraste mon neveu ? Qu'est-il devenu ?

FRONTIN.

Eraste, monsieur ?.... ( *à Lisette.* ) Ah ! traîtresse !

MONDOR.

Qu'as-tu fait de mon neveu ?

FRONTIN.

L'Orange, ne saurais-tu pas où il est ?

ERASTE, *bas.*

Garde-toi de me nommer.

MONDOR.

S'il ne répond, qu'on aille chez un commissaire.

FRONTIN.

L'Orange, un commissaire ?

MONDOR.

Parleras-tu ?

FRONTIN.

Parbleu, voilà bien des façons! c'est moi qui suis votre neveu; voyez si vous voulez être mon oncle?

LUCINDE.

Le fripon!

FRONTIN.

Traiter de la sorte un neveu! le sang ne parle plus aujourd'hui.

LISETTE.

C'est un imposteur: son nom est Frontin, je le connais depuis plus de six ans.

MONDOR.

Comment, malheureux! Tu ès assez hardi pour prendre le nom d'Eraste, et tu n'es que son valet? Qu'on aille de ce pas....

FRONTIN.

Eh! non, monsieur, que personne ne bouge. L'Orange, épargne-moi une indiscrétion; avoue toi-même que tu ès Eraste, puisqu'on ne veut pas que je le sois.

ERASTE, *se jetant aux genoux de Mondor.*

Eh! bien, monsieur, vous voyez ce neveu, qui ne doit plus vous sembler digne de l'être.

LISETTE.

Eraste! lui?

FRONTIN.

A propos, je te félicite de ta conquête.

LUCINDE, *à Eraste.*

Eh! par où ai-je mérité, monsieur, une démarche aussi hardie, et aussi offensante?

ERASTE.

Ah! madame, songez du moins, que je ne suis jamais sorti de ce respect auquel je m'étais voué en entrant auprès de vous.

MONDOR.

Dit-il vrai, madame?

LUCINDE.

Je ne puis l'en dédire; c'est une réflexion que je fesais même il y a quelques momens. Je n'ai pas moins lieu de me pleindre de son étourderie; elle m'expose à des bruits que je n'ai pas mérités, et l'Orange doit pour jamais renoncer à me voir. Je ne veux pas cependant qu'il sorte sans récompense; je connais le prix des services qu'il ma rendus, et lui tiens compte de ceux qu'il aurait voulu me rendre. Prenez cette boëte ; je croirais vous offenser, si je vous payais autrement.

ERASTE.

Madame......

LUCINDE.

Prenez-la, vous dis-je. Adieu, l'Orange.

---

## SCENE XVIII ET DERNIÈRE.

MONDOR, ÉRASTE, LISETTE, FRONTIN.

MONDOR.

ON se moque de vous, mon cher neveu; mais consolez-vous, elle m'a refusé moi-même.

ERASTE.

Que vois-je ! son portrait ?

MONDOR.

Son portrait ? ah, fripon! Que je le voie.... Oui, ma foi. Tu ès trop heureux. Donne-le moi, tu vas avoir l'original.

ERASTE.

Quoi! vous croyez.... Elle se sera peut-être trompée.

MONDOR.

Cours vite après elle. Mais va changer d'habit auparavant; elle a congédié l'Orange, et c'est Eraste qu'elle demande.

ERASTE.

Peut-on jouir d'un plaisir plus parfait?

FRONTIN.

Adieu, fidelle Lisette.

LISETTE.

Tu ès encore bienheureux, faquin, que je ne t'aie trompé qu'en herbe.

FRONTIN.

Va, je te défie de me tromper autrement.

FIN.

www.ingramcontent.com/pod-product-compliance
Lightning Source LLC
LaVergne TN
LVHW012329100826
845148LV00017B/673
*9782012725362*